Anacondas verdes

ABDO
Scan
to
Read

Anacondas verdes

Grace Hansen

Abdo
ESPECIES
EXTRAORDINARIAS
Kids

abdopublishing.com

Published by Abdo Kids, a division of ABDO, PO Box 398166, Minneapolis, Minnesota 55439.

Copyright © 2017 by Abdo Consulting Group, Inc. International copyrights reserved in all countries. No part of this book may be reproduced in any form without written permission from the publisher.

Printed in the United States of America, North Mankato, Minnesota.

102016

012017

THIS BOOK CONTAINS RECYCLED MATERIALS

Spanish Translator: Maria Puchol

Photo Credits: iStock, Minden Pictures, Science Source, Shutterstock, SuperStock, ©Ed George p.5/National Geographic Creative ©Vadim Petrakov p.9/ Shutterstock.com

Production Contributors: Teddy Borth, Jennie Forsberg, Grace Hansen

Design Contributors: Laura Mitchell, Dorothy Toth

Publisher's Cataloging-in-Publication Data

Names: Hansen, Grace, author.

Title: Anacondas verdes / by Grace Hansen.

Other titles: Green anacondas. Spanish

Description: Minneapolis, MN : Abdo Kids, 2017. | Series: Especies extraordinarias | Includes bibliographical references and index.

Identifiers: LCCN 2016948047 | ISBN 9781624026966 (lib. bdg.) | ISBN 9781624029202 (ebook)

Subjects: LCSH: Anaconda--Juvenile literature. | Spanish language materials--Juvenile literature.

Classification: DDC 597.96--dc23

LC record available at http://lccn.loc.gov/2016948047

Contenido

¡Una súper serpiente!

Las anacondas verdes son las serpientes de mayor peso en el mundo. La serpiente pitón es a menudo más larga. ¡Pero las anacondas pesan el doble!

4

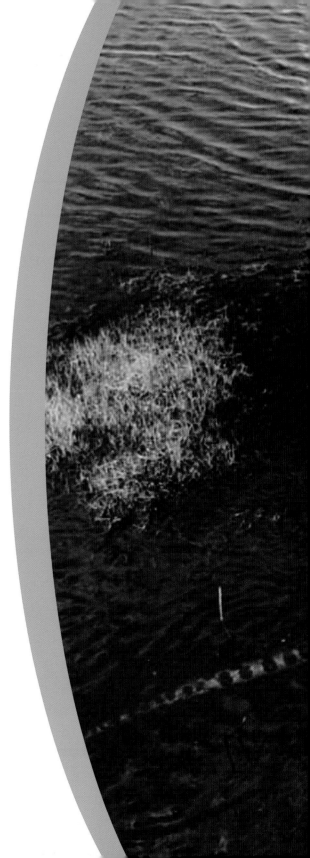

Las anacondas verdes pueden

llegar a pesar 500 libras (227 kg).

¡Más que un león macho!

Una anaconda verde puede medir más de 29 pies (8.8 m) de largo. Un autobús escolar mide 45 pies (13.7 m) de largo.

Las anacondas verdes son **gruesas**. ¡Pueden ser tan anchas como una persona!

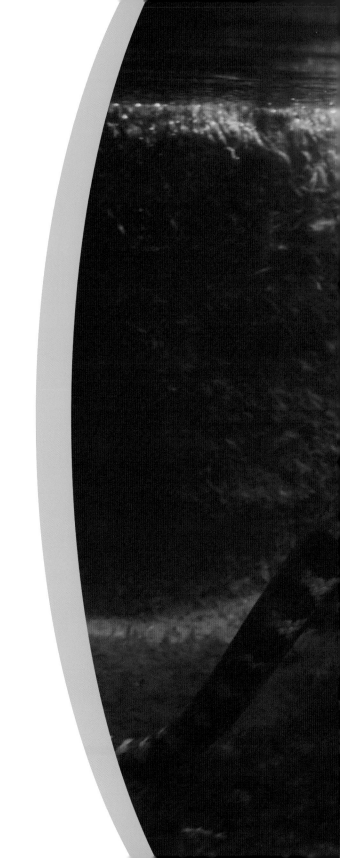

Unas serpientes muy comedoras

Las anacondas pasan la mayor parte del tiempo cazando. Tienen un gran **apetito**. Comen muchos peces y grandes **roedores**. ¡Hasta comen tortugas y jaguares!

La anaconda verde no envenena a su presa. Es una serpiente constrictora. Esto significa que aprietan a sus presas hasta que mueren.

14

Las anacondas desencajan la
mandíbula para tragarse las
presas enteras. ¡Pueden abrir
muchísimo la boca!

Pueden pasar semanas sin comer después de comerse una presa grande. Durante este tiempo descansan y digieren la comida.

Crías

Las hembras pueden tener hasta 36 crías de una vez. Las recién nacidas miden de uno a dos pies (de 0.3 a 0.6 m) de largo.

Más datos

- Las anacondas verdes habitan en Sudamérica. Pasan la mayor parte del tiempo en pantanos, arroyos y otros lugares húmedos.

- Las anacondas verdes son lentas en tierra. Sin embargo, se mueven muy bien por el agua. Son buenas nadadoras.

- Las anacondas hembra son mucho más grandes que los machos.

Glosario

apetito – deseo de comer.

constrictora – tipo de serpiente que mata a sus presas enroscándose fuertemente a su alrededor y no dejándolas respirar.

digerir – convertir los alimentos a sustancias más simples para el cuerpo.

grueso – que es grande de arriba a bajo, o de lado a lado.

presa – animal que ha sido cazado para alimento de otros.

roedor – mamíferos que mordisquean, por ejemplo las ratas, los ratones y las ardillas, entre otros.

23

Índice

abdokids.com

¡Usa este código para entrar en abdokids.com y tener acceso a juegos, arte, videos y mucho más!

Código Abdo Kids:
SGK5468